SUIS-JE HYPERSENSIBLE ?

Le cahier pratique

ISBN : 978-2-0802-6362-9

FABRICE MIDAL

Sketchnotes de Nathalie Latrille

SUIS-JE HYPERSENSIBLE ?

Le cahier pratique

40 situations • 40 solutions

Flammarion | Versilio

INTRODUCTION

En janvier 2021, je publiais *Suis-je hypersensible ?*, un ouvrage fondé à la fois sur mon expérience personnelle d'hypersensible et sur l'enquête que j'ai menée, pendant des années, pour comprendre mon hypersensibilité et l'intégrer dans ma vie. Ce long travail m'avait amené à découvrir une réalité peu connue : l'hypersensibilité est une force, un atout qui, pour peu que l'on en connaisse la grammaire, donne un formidable élan à notre vie.

Avais-je touché un point sensible ? J'ai été invité à de nombreuses émissions de télévision, de radio, j'ai rencontré différents publics, y compris dans le cadre de débats et de cycles de cours que je consacre, en visioconférence, à ce sujet. J'ai reçu des centaines, des milliers de messages, de lettres, de mails auxquels j'ai répondu comme je le fais toujours.

Sincèrement, je ne m'attendais pas à rencontrer autant de souffrances, ni autant d'intensité dans ces souffrances. Certains m'ont écrit en espérant que je leur indiquerais un super-effaceur qui gommerait leur hypersensibilité, comme s'il s'agissait d'une erreur, ou pour les en guérir comme si c'était une maladie. D'autres pour me confier qu'ils s'en voulaient d'être hypersensibles, qu'ils se sentaient toujours en faute. La plupart partageaient une conviction : sans cette maudite hypersensibilité, ils auraient été heureux. Je relis certains de ces messages. « Ce chemin est trop difficile, c'est comme des montagnes russes émotionnelles imprévisibles. » « Je ne parviens pas à me concentrer, je suis en permanence distraite par les bruits qui m'entourent et par les pensées intempestives. »

J'en suis d'autant plus bouleversé qu'une solution existe. L'hypersensible est loin d'être une « pauvre petite chose ». Il, elle, n'a pas à se protéger. Au contraire : la solution consiste à entrer dans l'exploration de son hypersensibilité. L'un de mes interlocuteurs a parfaitement traduit la situation : « J'ai l'impression d'avoir une Rolls Royce tant je reçois d'informations, mais sans le mode d'emploi. »

L'entrée en matière de ce mode d'emploi consiste à reconnaître sa propre hypersensibilité. Je n'ai moi-même franchi ce pas qu'à l'âge adulte. Auparavant, je me trouvais bizarre, différent, et je vivais mal cette différence. Enfant,

il m'arrivait de rester seul dans ma chambre, avec un livre, pendant que mes camarades jouaient : c'était le seul moyen que j'avais trouvé de me protéger de ce que je vivais comme un bombardement permanent d'informations, de sensations, d'émotions qui me submergeaient. Mettre un mot sur ce que j'étais fut un immense soulagement. C'est le début du chemin.
La suite de ce chemin réside dans la compréhension de ce qui se cache derrière l'hypersensibilité, c'est-à-dire derrière cet ensemble de singularités qui, non reconnues, donnent à l'hypersensible le sentiment d'être exclu, rejeté, d'avoir un problème, d'être en faute. Il existe autant de singularités que d'individus, et elles touchent toutes les facettes de l'existence. On peut, schématiquement, les regrouper en cinq catégories :

LA SPHÈRE SENSORIELLE, en relation avec les cinq sens : aucun hypersensible ne saura expliquer pourquoi il ne supporte pas le contact de la pluie ou de la laine, pourquoi il ressent avec tant d'intensité certains bruits ou certaines odeurs, pourquoi le fait qu'on lui touche les cheveux le hérisse ou, au contraire, pourquoi tel spectacle lui fait monter les larmes aux yeux. Se torturer à chercher une explication ou à lutter contre cette donne est vain. Il existe d'autres façons de l'aborder.

LA SPHÈRE ÉMOTIONNELLE : l'hypersensible est familier de ces émotions qui surgissent comme par effraction, prennent souvent l'allure d'une lame de fond qui bouleverse et déstabilise. Toutes les gammes d'émotions sont concernées, aussi bien la joie que le chagrin, la peur, l'angoisse. La plupart du temps, aucune raison objective n'explique la force de l'émotion déclenchée. L'hypersensible peut entendre à la radio une information qui ne le concerne pas directement et éclater en sanglots, alors que les autres personnes qui sont avec lui dans la même pièce n'ont pas même frémi. Un paradoxe est au cœur de cette manière d'être au monde : bien que ressentant un vertige à cause de cette intensité, l'hypersensible la désire dans sa profondeur, dans son authenticité. La tiédeur, l'indifférence l'insupportent.

L'EMPATHIE : l'hypersensible ressent intensément ce qu'il se passe en l'autre. Il, elle est affecté(e) par l'état émotionnel de son entourage, qu'il s'agisse de proches ou de collègues. De plus, cette capacité d'empathie lui permet de voir d'emblée tout ce qui est faux : l'hypocrisie, le mensonge, les calculs lui sont insupportables. Un, une hypersensible a besoin de vérité. Tout comme il, elle a besoin de rapports profonds, de relations harmonieuses, complètes, entières. Le papillonnage n'est pas son point fort. En prendre conscience est une protection en soi.

LA CRÉATIVITÉ ET L'INTUITION : les dernières découvertes en neurosciences ont révélé l'une des particularités du cerveau des hypersensibles. Celle-ci se situe au niveau du cortex préfrontal, siège d'un système de filtrage des informations qui nous parviennent de notre environnement. Ce système est semblable à un tamis dont les mailles seraient, chez les hypersensibles, plus larges que la moyenne. De ce fait, ils, elles reçoivent et perçoivent bien plus de signaux de toutes sortes et jouissent d'une plus grande capacité à appréhender la réalité dans sa globalité. L'hypersensible est, en quelque sorte, surinformé. Quand mon ami Alexis se retrouve au milieu d'une foule, il voit et sent tout, dans les moindres détails, y compris, me dit-il, l'énergie des personnes qui sont derrière lui. Il est presque enivré du trop plein d'informations et il en est épuisé. Il s'était longtemps pensé agoraphobe ; il est juste hypersensible. Certes, dans quelques situations, l'hypersensible peut regretter de ne pas disposer d'un filtre préfrontal plus efficient. Pourtant, grâce à ce don, il, elle reçoit des signaux, des informations à côté desquels tous les autres vont passer et qui lui permettent d'avoir des idées, d'inventer de nouveaux possibles, de trouver des solutions surprenantes. Là où l'hyposensible circule sur une autoroute bien balisée et aux paysages monotones, l'hypersensible, lui, emprunte les départementales, voire les chemins de campagne où chaque virage est l'occasion d'une belle surprise. C'est la raison pour laquelle les plus grands créateurs, inventeurs, découvreurs appartiennent à cette catégorie de la population.

AU NIVEAU COGNITIF : l'hypersensible a un esprit en pop-corn avec des idées, des pensées qui se bousculent et explosent dans tous les sens. Ce n'est pas une pensée toujours logique : pour aller d'un point A à un point B, il, elle ne suit pas le tracé conventionnel mais arrive plus vite à destination en passant par d'autres points, sans toujours savoir quel chemin a été emprunté, comment il peut être expliqué, justifié. L'esprit en pop-corn est brillant, mais il n'est pas toujours scolaire, et son intelligence, qui procède par une succession de flashes, est non conventionnelle. « Il n'y a pas de simultanéité dans mes pensées, mais une succession de pensées, m'écrit une correspondante hypersensible. Et chaque nouveau stimulus, chaque nouvelle idée m'attire, m'intéresse encore plus que la précédente, ce qui me fait perdre l'objectif donné au départ. Je me sens submergée et je ne sais plus où j'en suis. Le sentiment d'être incapable d'avoir un raisonnement arrive… » Ce sentiment intervient, en effet, quand l'hypersensible cherche à dompter son intelligence, à la faire entrer de force dans le cadre conventionnel. C'est une bataille perdue d'avance : un oiseau ne peut pas nager comme un poisson, par contre, s'il accepte de s'envoler, le monde lui appartient.

Toutes ces singularités ont un point commun : leur hyperintensité. L'hypersensible est hypervivant, il possède en lui une force créatrice, une force de libération, une force de vie, une force d'amour. Mais, sans mode d'emploi, il aura du mal à mettre en ordre tous ces éléments qu'il reçoit en vrac, les sensations, les émotions, les informations. Comment leur trouver du sens ? Ou, en d'autres termes, comment « se débrouiller avec tout ça » dans la vie de tous les jours au lieu de se sentir en permanence démuni ?
En mettant en place un cycle de cours sur ce sujet, il m'a semblé évident de proposer, à côté de la partie théorique, c'est-à-dire à côté des éléments de compréhension de l'hypersensibilité, des outils pratiques pouvant aisément être mis en application. Nathalie Latrille, qui est psychologue du travail et que je ne connaissais pas alors, s'était inscrite à l'une de ces sessions. À l'issue de chaque cours, elle m'envoyait un sketchnote, curieux dessin qui n'est ni une bande dessinée ni une illustration, mais une mise en image du cours que je venais de donner. Avec son autorisation, je le transmettais, avant le cours

suivant, aux autres participants. Ils en redemandaient ! C'est ainsi qu'est née l'idée de ce livre pas comme les autres, où il est avant tout question de conseils de survie dans la vie de tous les jours.

Ces 40 situations m'ont été inspirées ou soufflées par des hypersensibles. Elles ont toutes été vécues, et leurs solutions ont été appliquées. « Grâce à vos mots, je passe de l'état de quelqu'un de faible à quelqu'un de fort. J'ai enfin repris courage devant le travail de réconciliation avec qui je suis », m'écrit l'un de mes inspirateurs. « Grâce à vous, j'ai pu dire non, j'étais une proie », me signale une autre inspiratrice. De tels messages sont un cadeau de la vie, pour moi qui ai autrefois vécu mon hypersensibilité comme un fardeau et qui sais aujourd'hui qu'elle est ma chance, mon don.

J'ai pensé ce cahier pour dire à toutes et tous : arrêtez de croire que l'hypersensibilité est un malheur ou une maladie ! Elle est ce don que j'ai moi-même reçu. Il vous faut juste accepter un ensemble de petits déplacements qui vous permettront d'être heureux. Ces 40 situations sont 40 déplacements que je vous invite à vivre pour arrêter de vous taper la tête contre les murs, pour ouvrir les yeux, pour voir que la porte est ouverte et pour enfin entrer dans la vraie vie.

Fabrice Midal

Comment savoir si je suis Hypersensible ?

Sensible !? oui !

HyperSensible !? Certainement pas !!!

c'est un gros mot

Moi, je suis...

Hyperactive

Hyperengagée

Hypersolliatée

j'assume de lourdes responsabilités familiales & professionnelles

JE NE SUIS PAS CETTE PETITE CHOSE FRAGILE

Non !

Non ! Et non !

Moi, je vis de manière intense. C'est tout !

Mais alors...

Pourquoi je me sens coupable ?

Pourquoi je me sens différente !? À part ?

Pourquoi je ne comprends pas les règles ?

Pourquoi je dois garder le contrôle ?

Pourquoi je ressens tant & trop de tout ?

TROP d'EMPATHIE

TROP de PENSÉES

TROP d'ÉMOTIONS

TROP de SENSIBILITÉ

Chaque Hypersensible est très singulier

L'Hypersensible a besoin de comprendre comment il fonctionne

Il est très difficile de "mesurer" ce phénomène de manière rigoureuse

Il y a plein de profils différents

Solution

Pour te reconnaître, explore les 6 points clés de ton Hypersensibilité

1 Sensibilité

Y a-t-il des sons, odeurs, sensations qui te dérangent alors qu'objectivement ils ne sont pas dérangeants ?

- la laine me gratte
- les phares me brûlent les yeux
- c'est trop chaud
- l'oignon ça pue
- c'est trop fort !

2 Émotions

Es-tu affectée par l'état émotionnel de tes proches ?

- je suis submergée par tout un tas de choses
- j'ai l'impression d'être une éponge
- je pleure pour un rien

3 Empathie

Mets-tu du coeur dans la plupart des tâches que tu effectues ou avec les gens avec qui tu es ?

- je ressens ce que les autres ressentent

4 Social

Es-tu facilement blessée par les critiques, les reproches et du coup, essayes-tu de les éviter ?

- je déteste l'hypocrisie
- je recherche des relations sincères
- je préfère ce qui est profond

5 Créativité

Perçois-tu des choses qui vont ensemble et que les autres ne voient pas ?

- je trouve des solutions innovantes
- j'ai souvent des intuitions

6 Cognitif

Sens-tu parfois ton esprit aller dans tous les sens ?

- les idées ou les pensées se bousculent en moi
- ça, cet esprit en pop-corn m'épuise

Est-ce que je dois passer un Test ?

j'ai un doute > < Est-ce que je sais Hypersensible ou pas !?

j'aimerais bien savoir & être sûre…

j'adore les grandes fêtes MAIS je déteste l'open space

je peux être Hyper carrée pour traiter un dossier MAIS je peux me mettre à pleurer pour rien

Tu ressens le besoin d'un diagnostic objectif > < Sinon ce n'est pas sérieux !

Passer un test est illusoire !

L'Hypersensibilité **N'EST PAS** une **MALADIE**

je m'en voudrais de passer à côté

Tu es la seule à pouvoir explorer ton Hypersensibilité & à la reconnaître

LA SOLUTION ?

→ Explore les 5 questions ←

★ Y a.t.il des odeurs - sons - sensations qui te dérangent, alors que franchement y a pas de quoi ?

★ Es-tu facilement blessée par les critiques ?
→ Essaies-tu de les éviter ?

★ Mets-tu du coeur dans la plupart des tâches que tu effectues ?

★ Es-tu affectée par l'état émotionnel de tes proches ?
Te sens-tu comme une éponge ?

★ Sens-tu ton esprit aller dans tous les sens au point de l'épuiser ?

LE PLUS IMPORTANT
est de savoir si
Tu Comprends Mieux Ta Vie
en lui appliquant
Le Filtre de l'Hypersensibilité

Je ne me sens pas Normale
Aujourd'hui… on déménage dans l'open space
convivial
Lumineux
Ravi
Bla bla
Bla bla
Pia Pia Pia
Question sur le dossier
C'est spacieux
Ce sera plus simple pour échanger
Tout ce monde
Tout ce bruit
je ne veux pas y aller
ça m'angoisse
Non mais…
qu'est-ce que t'as ?
T'ES PAS NORMALE !!
c'est considéré comme une faute
Dring
Dring
Allo !
Bonjour Monsieur
MOI
Allo !
Bonjour
MON COLLÈGUE
Tu n'es pas ANORMALE
Non !
Tu es Hyper Vivante !!
Mais !?
Dis-moi
Qui est NORMAL !??
PERSONNE
ANORMAL
NORMAL
! ?

La Norme est une Moyenne Statistique

Tout est NORMÉ !

↳ c'est n'importe quoi

un enfant doit marcher à 15 mois !

il faut

l'IMC doit être de...

on doit

un couple doit avoir 3 rapports sexuels par semaine

il faut manger 5 fruits & légumes par jour

→ Que de souffrances engendrées ←

Pourquoi suis-je différente ?

j'aimerais tellement être comme tout le monde

je me sens rejetée

détresse

★ Pourquoi vouloir être COMME TOUT LE MONDE ?

Ce qui te plait chez l'autre c'est sa singularité. Non !?

»La Solution !?«

Bla Bla bla

N'ÉCOUTE PAS LES AUTRES

▷ Prends le temps de sentir à quel point tu as intégré le poison de la "Normalité"

☆ il est temps de t'en libérer

★ Note les points qui te font croire que tu n'es pas dans la norme

★ Qu'est-ce qui est juste pour Toi indépendamment des Autres ?

Ton Problème n'est pas Toi Mais le Regard des Autres

Je pense trop !

Organiser un dîner est un Enfer

Tout surgit dans ma TÊTE — en même Temps —

Tout ce qu'il y a à faire !

Je ne vais jamais y arriver

Quel menu ?
Cuisiner ?
Traiteur ?
Vin Blanc ? Rouge ?
Courses ?
Table
Plan ?
Dresser ?
Maison
Aspirateur
Ranger
Verres

Anxiété

Là, c'est la panique !

Je suis PERDUE !

J'Hésite !

Je ne sais pas par où ni comment avancer !

C'est trop...

j'en peux plus !

Je vais annuler !

Tant qu'il n'a pas SON MODE D'EMPLOI l'Hypersensible perd ses MOYENS

j'aimerais tant avoir un esprit organisé

un esprit rationnel & structuré

ce serait tellement plus simple

j'ai un problème c'est sûr

Non, je ne suis pas d'accord !

l'esprit en "tunnel"

classe

ordonne

hiérarchise

mais un grain de sable peut boucher ce tunnel qui ignore la fantaisie

Ton esprit des 1001 nuits t'emporte dans tous les univers

↳ et ça c'est génial !

Tu dois juste veiller à ne pas te perdre en route

»La Solution« Mets de l'ordre dans ta tête – ton coeur – ton corps

↳ Ancre-toi

★ Assieds-toi

★ Prends un temps pour être dans ton problème

★ Reviens corporellement là

★ Laisse la Tête et redeviens un corps

▷ c'est ce qui te permettra d'avancer

▷ S'asseoir & s'ancrer demande du courage : ça te paraît compliqué !?

▷ C'est pourtant simple

Tu n'as rien à faire de spécial

▷ Tu es en train de synchroniser ta pensée - tes émotions ta sensibilité - ton corps

Mes Antennes m'empêchent de vivre comme les Autres

intuition

idée

pensée

je pense TROP

ça ne s'arrête jamais !

je ressens TOUT

je n'arrive pas à me calmer

Tu es **SENSIBLE** aux moindres **SIGNAUX FAIBLES**

→ c'est une **FORCE EXTRÊME** qui peut te rendre **INSUBMERSIBLE**

Ravie de l'apprendre

Pourquoi ça m'arrive à moi ?

Et ça me sert à quoi !?

ça se passe dans ton cerveau !

Au niveau de l'Aire préfrontale

Explication...

Le Filtre du Système Exécutif fait en général barrage aux stimuli

il trie les infos

→ Concentration & attention

Mais chez les HyperSensibles ce système est **MOINS RIGIDE**

il ne filtre pas excessivement

★ La Bonne Nouvelle !?

Tu perçois plus de choses que les Autres, donc tu peux être plus créative

Dans TOUTES les SITUATIONS
»appuie-toi sur ton HyperSensibilité« au lieu de la rejeter

»La Solution«

▷ Déploie tes Antennes

Laisse-les te donner les infos dont tu as besoin

▷ Relâche le contrôle ⇒ Fais confiance aux détours de ton esprit

c'est la technique utilisée par les Inventeurs · Chercheurs · Écrivains

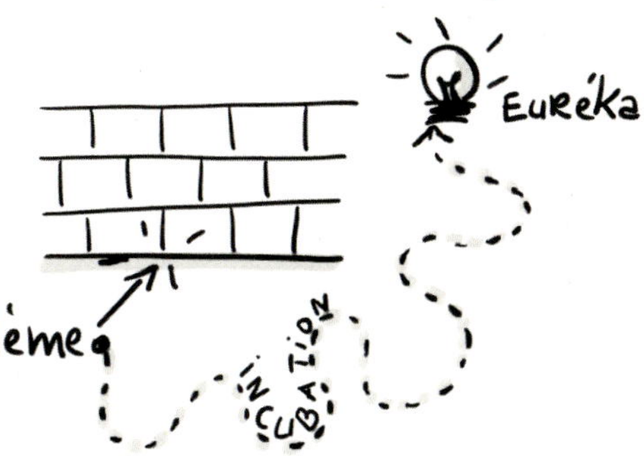

▷ oublie ton sujet d'inquiétude

▷ mets-le de côté

☆ Sans t'en rendre compte ton cerveau travaille
Fais-lui confiance !

▷ Autorise-toi à rêver !

Non !! Ce n'est pas une perte de temps

Je suis trop émotive

Le froid
La foule
Le bruit…
je ne supporte pas

Un rien me met dans des états impossibles

je fais un malaise à la vue d'une seringue

j'ai toujours froid

je sursaute au moindre bruit

Hum! Quel parfum… ça m'émeut

★ Trop de sensations

★ Trop d'émotions

★ Trop de pensées

Trop! Trop! Trop! Toujours!

L'intensification des expériences sensorielles fait partie du spectre de l'Hypersensibilité

Que faire de l'intensité qui me traverse ?

L'Hypersensible n'a pas une vie plan-plan !

Chaque Hypersensible vit & ressent à sa manière

« j'adore ressentir la pluie sur mon visage ! »

« AH bon !! Moi, je déteste ça ! »

C'est comme si
les 2 Hémisphères
de ton cerveau
Raison & Émotions
ne faisaient qu'1

Imaginer qu'il y a
des choses plus importantes
que d'autres n'a aucun sens
pour Toi !

Tu ne peux pas étouffer
tes Émotions pour laisser
parler ta seule Raison

CONTINUE
À T'ENGAGER
de
=
TOUT TON ÊTRE

Croire que la Solution est
d'effacer tes Émotions
est une illusion

« FAIS LA PAIX AVEC ELLES »

» La Solution !? «

★ Fais la liste
de ce qui est
TROP pour Toi

ce qui
me pose
problème

- les phares des voitures
- l'odeur des oignons
- la foule
- les bijoux en toc

- la clim'
- le bruit que fait mamie en buvant son café
- le jazz
- le bruit de la tondeuse

la souffrance même dans les films
- la cacophonie
- les acouphènes
- la laine
- l'odeur de l'omelette

Tu n'es pas
submergée
par Tout !

★ Les Identifier
est le 1er PAS
ESSENTIEL

★ Fais la
PAIX AVEC EUX

Adapte-Toi
ou Évite-les

- c'est plus simple
que tu le penses -

La Crise du Matin

07:30

NOOOOON !!!

je ne veux pas mettre ce pull !

pleurs

CRIS

il me gratte… c'est HORRRIBBLE !

Marre — Exagère

agacée

désemparée

pull en laine

Quand ce n'est pas le pull en laine c'est la chemise à boutons ou le pantalon en velours

Pourquoi ce **GROS CAPRICE** chaque matin ?

Mon fils le fait exprès

Usant !

je n'ai aucun souci avec mes autres enfants !

Pourquoi ?

Marre !

il veut m'embêter c'est sûr

Non !! Ton enfant ne veut pas t'embêter… ce n'est pas un caprice !

il ne peut pas faire autrement + il souffre réellement

L'HYPERSENSIBLE a des SENS HYPER DÉVELOPPÉS

Certains sons, odeurs, sensations corporelles qui sont insupportables

L'intensité est telle qu'il souffre

c'est Horrible

cette étiquette me gratte terriblement

Gratte Gratte

BOOM BOOM

OH là là…. cette musique est insupportable !

Hyper Énervée

Pouah !! Mais quelle odeur infâme

ça me donne la nausée

L'HyperSensible a souvent des RÉACTIONS qui semblent Excessives ou Peu Objectives
BANG !
Ce qui est un DÉTAIL pour TOI
est un CAUCHEMAR pour L'HYPERSENSIBLE
» La Solution «
Pose-toi la SEULE QUESTION qui vaille :
Ton Enfant EST-il HYPERSENSIBLE ?
! ?
Comment savoir ?
Est-il HyperSensible ?
Prenez le temps ensemble pour mettre des MOTS sur les MAUX
Mon chéri…
Explique-moi :
Que ressens-tu quand tu mets le pull en laine ?
ça me pique terriblement
comme l'aiguille de la machine à coudre
Recherchez des solutions acceptables pour Ton Enfant
Oui !
« Préfères-tu un pull en coton ? »
Merci
« Je vais couper les étiquettes, ça te dit ? »
« Si je fais une soupe sans ail et sans oignon, ça te convient ? »
Youpi !
« Les carottes… je les préfère râpées »
« OK ! »
Solution à Bannir
insister ou punir ça ne servirait qu'à vous pourrir la vie à tous les deux !

J'ai la larme facile… et c'est très gênant !

un rien me fait pleurer

je n'ose plus prendre la parole

je perds mes moyens

L'HyperSensible est facilement touché par la réalité du Monde Extérieur

Il est tellement submergé par l'énergie des Autres

qu'il perd la sienne propre !

★ Le moindre événement a un impact considérable sur son Être

Dispute

Guerre

Refus

Famine

Séparation

l'HyperSensible sent & ressent sincèrement la Souffrance Humaine

il est en contact étroit avec ce qui constitue LA RÉALITÉ

L'Hypersensible détient la Vraie Intelligence ⇒ l'intelligence de la sensibilité

il a une qualité RARE

Il est Hyper Empathique

»La Solution«

Et si au lieu d'essayer de te calmer...

... tu acceptais d'écouter tes émotions ?

Renverser la logique

Reconnaître Ton Émotion sans t'en vouloir te permettra d'aller de l'avant

★ Quand tu as un moment, assieds-toi

★ Autorise-toi à sentir ce que tu [res]sens

★ Écoute tes émotions ♡

★ Reconnais ce que tu ressens sans culpabilité

→ c'est très important pour aller de l'avant

"je ressens de la colère"

"je me sens triste"

"je me sens très énervée"

"je suis émue"

Aïe, mes colères !

D'un coup
pour rien
j'explose

c'est une
Tempête dans
mon crâne

ensuite
ça retombe
aussi vite

J'ai appris
qu'il faut
rester calme !

» je ne peux pas
dominer mes émotions

» Suis-je
Hystérique ?

ALORS...

je me sens
encore plus
coupable

» Mais comment
pourrais-je rester calme
face à ce que je vois !? «

Mais non...
Tu as raison de
te révolter

Ta réaction est juste

Tu ne peux pas
te taire et
détourner le regard

Alors que faire
du Trop-Plein
d'émotions
qui te submerge ?

Et qui te rend parfois
socialement incompatible...

Ton émotion
Te dit
quelque chose

→ elle doit être
- écoutée
- explorée
- entendue

Il y a
des colères
justes et
d'autres qui
ne le sont pas

Tu ne dois pas
les refouler

Mais tu ne dois
pas les exprimer
telles quelles non plus !

La Solution

Ne rejette pas ta colère
Mais écoute-la

→ il y a 4 manières
de l'écouter

→ Le Spectateur impartial

1, Prends du recul
2, Tu es au Théâtre
3, Comment un spectateur
jugerait cette scène ?

→ Examiner l'Émotion

- ferme les yeux
- Reviens à l'expérience
corporelle de l'émotion :
  - où se situe-t-elle ?
  - quelle forme a-t-elle ?
  - de quelle couleur est-elle ?
- Entrer en rapport avec
l'émotion est libérateur

→ Une fois que l'émotion
est reconnue...
... elle est apaisée !

→ Mettre des Mots sur tes Maux

- Écris sans juger
Tout ce que tu ressens
- Formuler tes émotions
te permettra de les libérer

→ Se mettre à la place de l'Autre

Je ROUGIS et c'est si gênant !

Dès que je prends la parole devant une assemblée

Je ROUGIS

Rouge

Puis je bafouille

C'est INSUPPORTABLE

Je m'excuse mais ça EMPIRE !!

Honte

Alors je perds mes moyens

Et là... c'est la cata

La perception de TON ROUGE AUX JOUES

100 % de ce que TU VIS

5 à 10 % de ce qu'ILS VOIENT

très pertinent

éclairant

accessible

quel Humour !

ILS ÉCOUTENT ce que tu as à dire !

Si on te propose
de prendre la parole
c'est parce que
▷▷ TU ES COMPÉTENTE ◁◁

Accepte
de rougir

ce n'est pas
si grave

et puis
tu n'y peux
rien !

La Solution !?

Ton problème
est PHYSIOLOGIQUE

Et non PAS
PSYCHOLOGIQUE !

Cela ne sert à rien
de chercher à
▷ comprendre rationnellement
▷ te protéger de tes émotions

Tu ne peux pas faire autrement

»» Alors, quand le ROUGE
te monte aux joues ⇒

WARNING !!!

1. 

- Pose les pieds sur le sol
- Ancre-toi très profondément pour revenir à un espace de solidité & de sécurité

2. Imagine que tu es un arbre
- Enracine-toi →

3. Pense uniquement à ça

Ce n'est pas facile
au début
mais avec un peu
d'entraînement
tu y arriveras

→

Tu continueras
à rougir
MAIS tu ne perdras plus
Tes moyens !!

Et si mon Sixième Sens me trompait ?

Ton ressenti ne repose sur rien de rationnel

Que faire ?

Certaines intuitions sont **vraies** → Elles nous alertent d'un danger

& d'autres sont **FAUSSES** → ce sont des peurs ou des angoisses

Il serait stupide de balayer ce ressenti

⇒ Cherche plutôt
à le comprendre
& à l'interpréter

Tu dois écouter ton sixième sens

MAIS

Sans perdre de vue que tu peux te tromper

»La Solution !?«

1, Prends le temps de t'arrêter

- Écoute ton intuition
- Que sens-tu ?
- Que pressens-tu ?

Va plus loin…

2, Questionne ton intuition

on oublie souvent cette étape essentielle !

Est-elle juste ?

Vient-elle de ma peur ?

Est-elle une projection ?

- ✓ Vraie
- ✗ Fausse
- ? Besoin d'infos complémentaires

3, À présent, tu peux prendre ta décision

La sincérité, quel calvaire !

Tu as un tel **souci** de **sincérité** que **tu dis ce que tu penses** ... **comme tu le penses** !

L'Hypersensible détecte très vite toutes les failles d'une idée

Être Hypersensible c'est bien !
Mais ça ne t'autorise pas à devenir un Dictateur

Tu ne peux pas imposer aux autres **TON souci de VERITÉ**

Tu dois tenir compte du Jeu Social !

Tu en veux aux menteurs

Et ils t'horripilent

Attention à ne pas devenir un Misanthrope

Tous des lâches !

Menteurs !

Complaisants !

» La Solution !? « – Apprends à être Habile

- Accepte que Tout le Monde n'a pas la même exigence de sincérité que toi
- Cultive l'Habileté Relationnelle
- Apprends à te relier aux gens à partir de là où ils sont
- Tu es véritablement authentique quand tu fais attention aux Autres

Tu n'es pas Hypocrite si tu apprends à bien communiquer

Tu n'es pas inauthentique parce que tu t'adaptes aux autres

J'ai l'impression d'être REJETÉE …
… de ne pas avoir ma place dans la société

Tu ne trouves **Pas ta Place**

Ne confonds pas Résistance & Rejet !

Tu sous-estimes la force d'inertie des gens !

Tu bouscules l'ordre établi

Tu as des idées créatrices

→ CA AGACE !

ils ont du mal à s'adapter à la nouveauté

→ Alors ils résistent

La Société a besoin de Toi… Elle ne peut pas vivre sans Toi !

Aie confiance en Ta Vision

Défends Ton point de vue

Ton engagement a du Sens

Ose faire bouger les choses !

Amène le changement

Déplace les lignes

La Solution !

Tu ne peux pas avoir le beurre & l'argent du beurre

Tu n'es pas intégrée MAIS Tu n'es pas rejetée

Regarde de plus près

J'ai besoin de ton aide pour résoudre ce problème

Les Autres ont confiance en toi !

Tu n'es pas la copine de Tous mais Tu as un rôle important

Comment me calmer ?

j'envie ceux qui restent ZEN !

En toutes circonstances

Ma Vie à Moi...

c'est Les MONTAGNES RUSSES !

J'en ai le Tournis

Ce matin,
j'ai fait mille projets...

j'ai ri aux éclats

j'ai jubilé

j'ai été émue

j'ai pleuré

je me suis énervée

je me suis ennuyée

je me sens Malheureuse d'être autant secouée par la Vie !

Pourquoi crois-tu qu'il faut toujours être calme ?

Et dans le Bien-Être ?

Qui voudrait d'une vie aussi lisse ?

Pas moi en tout cas !!

Le BONHEUR c'est pouvoir vivre intensément → ce que l'on va vivre !

absurde

on doit être calme

on ne doit pas faire de vagues

violent

le discours social n'a aucun sens

⇒ Tu n'es ni 1 statue ni 1 Robot !

★ Accepte que tu n'es pas calme !

★ Vis avec intensité & sans culpabilité

UN ÊTRE HUMAIN c'est VIVANT

★ Renonce une bonne fois pour toutes à l'idée d'être calme...

... ⇒ et tu seras en PAIX

Faut-il que j'aille voir un Psy ?

Un ami me boude

je suis MINÉE

appel sans réponse

je n'en dors plus la nuit

Pourquoi ?

j'aurais dû

qu'est-ce qui... ?

Triste

... ma faute !

ça tourne en boucle dans ma tête

je n'arrive pas à me raisonner

→ jamais ←

CE N'EST PAS NORMAL

je ne suis pas normale !

j'ai un problème !

c'est sûr !

LÀ... FAUT QUE J'AILLE VOIR UN PSY !

Non ! Non ! Non !

L'Hypersensibilité n'est pas une maladie

Apprends l'Art de Vivre des HyperSensibles

- en fait tu aimes ton amie, c'est tout -

- Accepte
- Reconnais
- Explore

Ton Hyper-Sensibilité

En acceptant
ce que tu es
& ce que tu vis
→ Tu fais la paix avec Toi

Tu es comme un automobiliste qui roulerait en sens inverse

→ Tu n'as pas le bon GPS → Alors… tu paniques !

» La Solution «

★ Rapproche-toi de ce qui fait sens pour Toi ←

★ Change ton Rapport avec toi-même

★ Vouloir être comme Tout le monde est IMPOSSIBLE !

Accepte-toi !
aucune baguette magique ne te transformera en Non-Hypersensible

Je suis incapable de Méditer !

▷ Quand je médite

je n'arrive pas
- à faire le vide
- à me calmer

▷ mes pensées fusent dans tous les sens

▷ ça m'agace de ne pas y arriver !

Laisse tomber l'idée d'être "en pleine conscience"

Tu perçois des milliers de cHoses en permanence !

c'est contre ta Nature !

Il y a une autre manière de Méditer

Cette intensité tu en as besoin pour vivre

▷ ne va pas contre ta Nature

"Tu as juste envie d'être en Harmonie avec ton Énergie"

↳ c'est complètement différent

Explore ce que Tu ressens

Accepte de le Vivre

▷ même si ce n'est pas agréable

" avec Ouverture & Bienveillance "

" Oui, j'ai été blessée & je ressens une émotion "

» La Solution !? « — Fous-Toi la Paix !

↳ Prends le risque d'être là où tu es !

▷ Assieds-toi

▷ Tu ne fais rien

~~se calmer~~

~~lutter contre~~

~~contrôler~~

~~changer~~

tu entends

tu vois

tu ressens

Reste ouverte à ce qu'il se passe

⇩

Tu es enfin disponible

▷ Écoute-toi

Sois en rapport à ce qui t'arrive

↳ Prends le temps qu'il faut

▷ Dis "Bonjour !" à ce qui t'arrive

Méditer c'est s'ouvrir à la réalité de ce que Tu es

Je ne suis JAMAIS RASSURÉE

» Ce soir, je sors...

Comment je m'habille ?

Oh là là... j'ai des cernes !

Je me maquille ? ou pas !?

C'est sûr, je vais faire tache !!!

Suis-je assez bien habillée !?

Non... c'est trop !?

Comment vont être les autres ?

J'aurais dû refuser !

Hum... Et si je revois mon ex ??

... je n'en dors plus «

Tu passes ta vie à t'inquiéter

"J'aurais dû fignoler le dossier avant de le rendre"

"Pourquoi ai-je réservé à cette période ?"

Comme tu es perfectionniste tu cherches à te rassurer

: RESSASSEMENT

&

: RITOURNELLE

&

: BAVARDAGE MENTAL

Tu remets tout en question

↳ car tu reçois en permanence énormément d'informations

En essayant de te rassurer tu te fragilises

Personne ne s'est jamais rassurée…

… par la seule force de la volonté

» La Solution «

Arrête de vouloir te rassurer

→ Donne-toi cette confiance inconditionnelle

Pose-toi & Accepte de Redevenir Vivante

Ne cherche pas une aide à l'extérieur

▷ Étape 1 : Dis-toi

je peux m'accorder cette confiance à moi-même !

"Avec intention & conviction"

▷ Étape 2 : Découvre par toi-même ce qui te réassure

- un bain chaud
- jardiner
- caresser mon chat
- une balade en forêt
- m'allonger dans mon hamac

▷ Étape 3 : Une fois que tu l'as compris, un formidable renversement va s'opérer

En vacances avec mes amis…

Quand je pars en WE avec mes amis… > … c'est très vite TROP pour Moi !

- Trop de sorties
- Trop d'animation
- Trop de monde
- Trop de Tout

Bla bla bla !!

Rapidement j'ai besoin de me retrouver Seule

- lire un livre
- dormir tôt
- écouter ma musique

je donne l'impression de ne pas participer

Parfois je m'énerve & je peux exploser

je m'en veux parce que je les apprécie

L'Hypersensible est submergé par le flux d'informations

cette intensité est épuisante

Te retrouver seule te permet de te ressourcer

c'est fondamental

»La Solution«

- Accepte ton besoin de plages de silence

→ Trouve un prétexte pour t'isoler !
—sans les vexer—

- Ta peur de les blesser n'est pas réelle

→ tes amis t'aiment comme tu es sinon ils ne t'auraient pas proposé de venir !

- Sois à l'aise avec ta singularité

→ elle passera très bien

Faut-il révéler que je suis HyperSensible ?

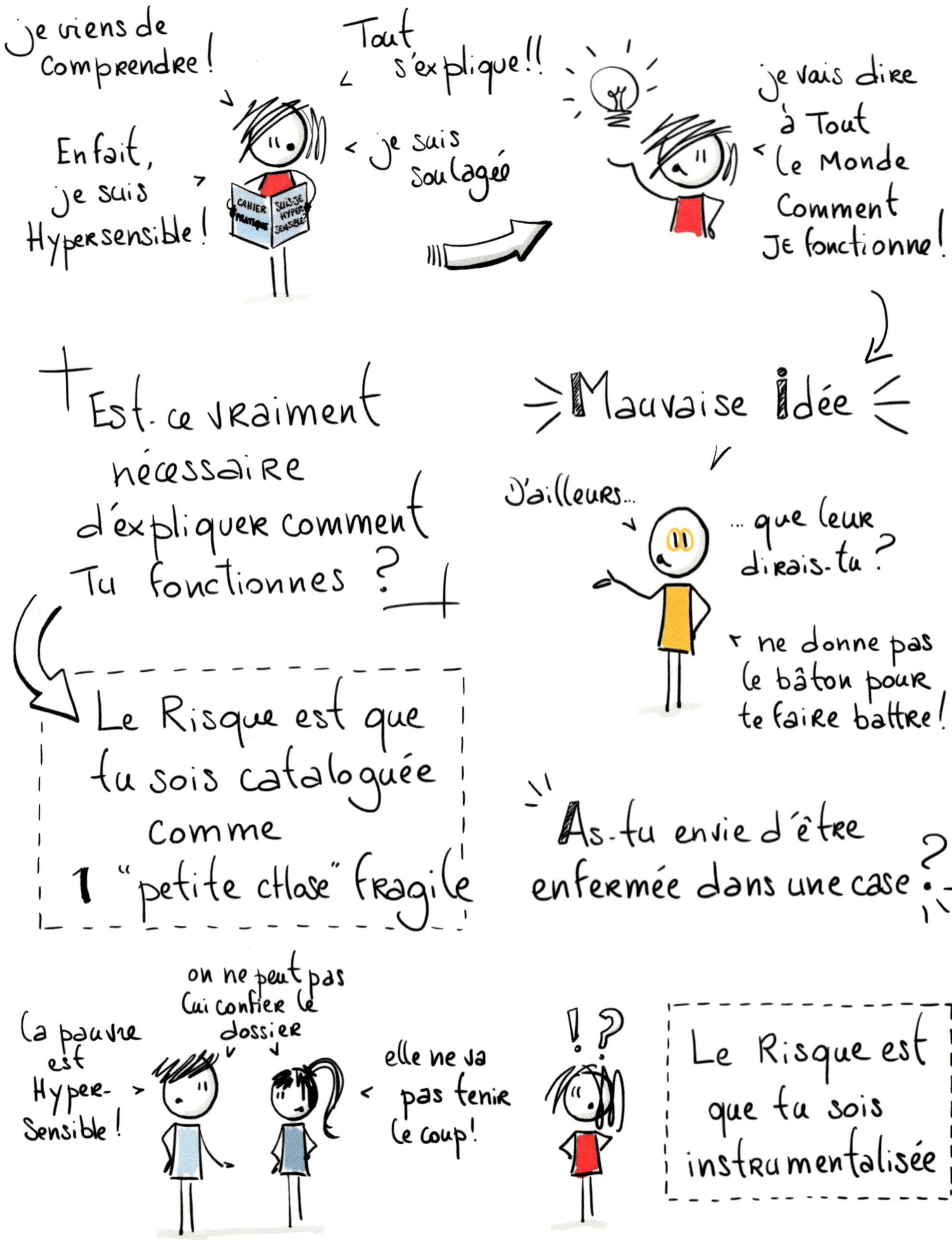

L'essentiel est que tu comprennes **Ton Mode d'Emploi**

Pas de l'expliquer aux Autres

→ Réserve cela à tes Amis !

»La Solution«

★ Savoir que tu es HyperSensible

▷ te donne la clé pour te comprendre & te protéger

★ Savoir que tu es HyperSensible

▷ va changer ton rapport aux Autres

HYPERSENSIBLE = ~~FRAGILE~~ ?

NON ! NON !

Tu n'es pas FRAGILE

Tu es VULNÉRABLE
→ ça n'a rien à voir

Tu es vulnérable — parce que tu es touchée émotionnellement

→ Tu es moins "blindée" pour faire face aux réalités qui t'entourent

Tu sens les choses

Et tu as peut-être l'impression que ton hypersensibilité est une faiblesse

Ta vulnérabilité est une ~~FAIBLESSE~~ **FORCE**

TOI tu reçois des tas d'informations → en permanence ←

Elle te donne

- Agilité
- Souplesse
- Intelligence de la Situation

>> La Solution << — Utilise intelligemment ta vulnérabilité

Tu es submergée ?

⊪▷ Explore ce que tu ressens

> que se passe-t-il dans la réunion ?
> qu'est-ce qui pose problème ?
> que pourrait-on faire pour le résoudre ?

→ Te poser ces questions te permet de

- Redevenir Actrice
- Aller Mieux

Il est fort probable que ce soit **TOI** qui trouves la Solution

Je peux être chef ?

On me propose une belle promotion

50 collaborateurs

Dossiers délicats

Gestion en direct

Wow ! c'est exactement le poste dont je rêve !

Mais… non merci je ne peux pas accepter !

je n'ai pas confiance en Moi ni en mes capacités professionnelles

+ je suis incapable d'endosser ce costume +

je suis bien
TROP Sensible
TROP Empathique
PAS ASSEZ Rationnelle

C'est n'importe quoi ! Tu as beaucoup de qualités…

… qui font de Toi un manager d'exception

Aie confiance en elles !

Les Grands Leaders sont souvent des HyperSensibles

Leurs Talents sont extraordinaires

→ leurs antennes les forcent à

- ☆ penser & créer davantage
- ☆ être Héroïques
- ☆ changer le monde !

»La Solution«

Tu as la chance d'être HyperSensible → Ne Lutte pas contre !!

☆ Va au bout de ton Talent
- l'écoute des autres
- la compréhension des situations
- l'imagination

☆ Sois curieuse de toi et des Autres

☆ Cherche l'information là où les Autres ne savent pas la trouver

☆ Fais confiance à l'énergie qui te travaille

→ **Pars à l'aventure de ta propre Vie !**

Est-ce que je suis la Proie idéale ?

Tu serais adorable si tu pouvais m'aider sur ce dossier

Tu veux bien ?

oui…

Bien sûr !

Tu en as besoin pour quand ?

Lui

crée un lien de dépendance affective

Moi

Besoin d'amour & de reconnaissance

J'ai accepté de donner 1 coup de main à mon collègue

Puis 2… Puis 3…

Notre relation était fausse !

elle me minait

j'étais devenue "SA CHOSE"

En fait, c'était un vampire…

Le vampire sait faire la cour sur la durée & mettre en confiance

Il tisse sa toile autour de sa proie

L'Hypersensible tombe dans le panneau… Étant incapable d'abuser d'un autre être, il ne peut pas imaginer que quelqu'un puisse le faire

Le vampire se nourrit de sa proie → il lui ôte Tout Élan Vital

L'HyperSensible
- a bon coeur
- est ouvert
- est sincère

→ il ne calcule pas & fait confiance

→ c'est la PROIE IDÉALE du PRÉDATEUR

→ il ne perçoit pas son côté pervers

La Solution !?

- Si dans une relation
  - tu as mal au ventre
  - tu es tendue
  - tu n'arrives plus à dormir

TU T'EN VAS !

- Si tu es prise dans l'étau du vampire → FAIS-TOI AIDER par un ami ou thérapeute pour t'en libérer
  - expose-lui les faits
  - écoute ce qu'il te dit

TU DOIS FUIR !

Pourquoi j'ai autant besoin d'Amour ?

Bonjour

j'aimerais vous voir pour échanger sur le dossier en cours

10H ... dans mon bureau !

MA CHEF Hyper-Professionnelle

! ?

Pourquoi est-elle aussi distante ?

On a tellement ri hier soir au pot de Jules

Que se passe-t-il ?

Je croyais qu'on était devenues amies !!!

Tu carbures à l'affectif !

Tu trouves les gens TROP froids TROP durs

En tant qu'Hypersensible, la dimension Empathique t'est quasi vitale !

c'est la condition de ton épanouissement

Tu as besoin de Relations sincères

ET

Tu voudrais que Tout le Monde soit comme Toi

Or beaucoup se contentent de Relations "Sociales"

il faut l'accepter

Tu as un besoin profond

- de chaleur
- de vérité
- d'empathie

Toutes les relations ne sont pas faites d'amour !

Ce qui...
- est pour Toi désirable
- est pour d'Autres fatigant & pas souhaitable

Mais une relation peut être sympathique sans qu'il y ait de l'amour

»La Solution«

Le renard a dit au Petit Prince

"il faut commencer par s'apprivoiser..."

"...s'asseoir tous les jours loin l'un de l'autre avant de commencer à parler intensément"

Le Petit Prince - Antoine de Saint-Exupéry

Prends ton temps !

» ne mets pas la charrue avant les bœufs

Il (ou elle) ne m'a pas dit "Bonjour!"

J'ai croisé mon chef...

... il ne m'a pas dit Bonjour!

Cela fait plusieurs jours qu'il ne me dit pas Bonjour

Je me sens considérée comme une moins que rien

Tu n'es pas folle de souffrir qu'on ne te dise pas "Bonjour!"

Tu te sens
- transparente
- inexistante

c'est vertigineux pour un HyperSensible

Tu ne te sens pas reconnue → c'est Humiliant pour Toi

↳ Des études ont montré que le manque de reconnaissance peut atteindre profondément

»» La Solution ««

Oui… cette situation n'est pas juste →

← Mais tu dois accepter que dans la vie…

← …Tout n'est pas juste !

← Tout le monde n'est pas Humain

ce n'est pas toi qui es folle →

← c'est l'Autre qui est grossier !

⇒ continue à veiller à la préservation de l'Humain dans Tes Relations

Je suis Très Susceptible

Ton collègue a donné un Avis sur Ton Idée Pas sur TA Personne

Toi … tu as surinterprété

Ton collègue ne te rappelle pas !?

- Tu es vexée & tu rumines

Tu as tendance à disséquer & à extrapoler

Peut-être que ton collègue

- a des ennuis
- a été pris par autre chose
- a oublié
- n'est pas aussi soucieux que toi de votre relation

Tu prends la Mouche à la moindre remarque !?

N'est-ce pas parce que tu prends TROP au sérieux tout ce qui se dit ?

» La Solution «

☆ Ce que tu ressens est VRAI ▷ ne le nie pas

▷ Reconnais-le

☆ À présent

▷ Demande-toi si l'Autre avait l'intention que tu lui as attribuée…

Très souvent… L'intention de l'Autre n'est pas celle que tu crois !

Pourquoi ce gamin est-il si capricieux ?

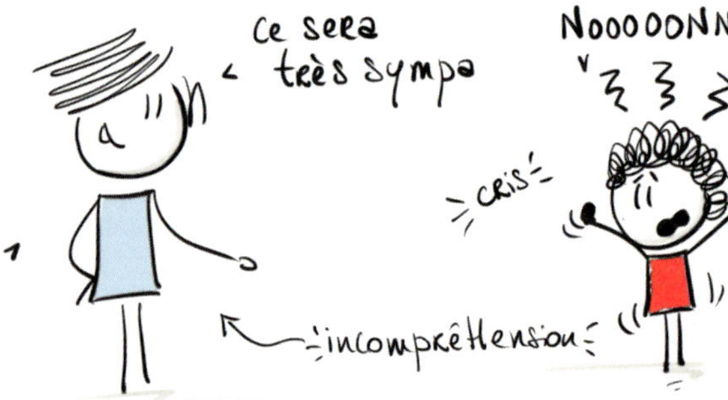

- Un rien déclenche une crise excessive -

Mon enfant a-t-il besoin de me faire toute cette scène ?

Ton enfant ne fait pas un caprice

Il subit ce qu'il ressent

les neurosciences nous apprennent que

son cerveau n'a pas la capacité de réguler ses émotions

Ses émotions sont si intenses qu'il ne sait pas comment les exprimer !

Son système nerveux sature complètement

il ne peut **PAS TOUJOURS** se contrôler

Ton enfant ne le fait pas exprès

Il a besoin que ça sorte & ça s'arrête !

Ce qu'il ressent est insupportable

ET

il n'arrive pas à se ressourcer

»La Solution !?«

▷ **Accepte** que cet enfant a besoin de **Sécurité Affective**

- Encore plus qu'aucun autre enfant -

grâce à elle sa sensibilité sera plus tard une force !

☆ **Fais-lui un câlin**

▷ il est important de le rassurer & l'apaiser

▷ **Ne t'oublie pas !**

☆ **Sois à toi-même** - Aujourd'hui - ton propre Parent

▷ Accorde-toi à toi aussi cette bienveillance

Le Burn-Out, un danger !

D'Habitude, je saute du lit ! Mais ce matin... je n'ai pas réussi à me lever

J'étais comme paralysée du corps & de la tête

– Littéralement carbonisée de l'intérieur –

Les HyperSensibles sont plus enclins au Burn-Out

Pas parce qu'ils sont plus fragiles ← déficience

Mais parce qu'ils sont plus forts que les autres ← surefficience

Enthousiastes & passionnés ils ont tendance à

- Travailler plus que les autres
- Ne pas poser de limites
- Ne pas dire Non !
- Ne pas respecter leurs besoins

Ils négligent ou minimisent les symptômes du stress ressenti

Sous l'effet d'un Stress CHRONIQUE la sécrétion des Hormones du Stress est ininterrompue

l'organisme s'épuise

Et puis un jour

BOOM

le corps lâche !!

▷ les muscles ne répondent plus

▷ un sentiment d'épuisement domine

»La Solution !?«

☆ **Ouvre les yeux** pour détecter les signes avant-coureurs

☆ **Écoute-toi !**

☆ **Apprends à dire Non !** à ceux qui abusent de ton enthousiasme ! ← il faut t'en protéger

☆ **Pose des limites** même si ce n'est pas dans ta nature

☆ **Fais-toi aider** pour regarder la situation avec objectivité

Je n'ose pas dire non !

Poser des limites permet de créer des Relations Sociales Justes

Tu ne peux pas avoir des Relations Vraies en te Trahissant toi-même

»La Solution«

- Assume d'ÊTRE TOI-MÊME

- Prends le temps d'identifier la raison pour laquelle tu veux dire Non !

- Connecte-toi avec ce qui est juste pour Toi ←

☆ Tu as un devoir envers toi-même

Ton Non ! n'est pas un caprice
→ Il répond à un besoin profond chez toi ←

Tous les Métiers me sont-ils Autorisés ?

Que vais-je faire après le Bac ?

Moi qui voulais rejoindre une prépa !

c'est cuit... c'est pas pour moi

Tu viens de te découvrir Hypersensible !? Et tu doutes de toi !

Tu penses que tu es condamnée à ne faire que

des métiers sociaux ou artistiques ?

Toi, ce que tu aimes c'est les Maths !!

C'est une **Fausse idée**

L'Hypersensible n'est pas une petite chose douillette & rêveuse

Tu auras partout des difficultés

↳ c'est un défi

MAIS

Tu sauras briller encore plus que les Autres

Tu peux Tout faire >

Droit

Hôtellerie

Médecine

Mécanique

Commerce

< Il y a des HyperSensibles dans Tous les Métiers

< Parce que dans Tous les Métiers il faut inventer

Tu sais percevoir les signaux faibles

C'est TA Force !

Tu as la capacité d'exceller en Tout

» La Solution !? «

Comme Tout le monde

» Demande-toi :

Quel métier m'attire !? >

▷ Et VAS-y !

Fais confiance à ton HyperSensibilité

← elle est un Atout

Le seul métier qui te sera impossible, c'est Dictateur

la spiritualité... une chance !

Alors que je me promène avec mes amis... je ressens le besoin de calme & de silence

D'un coup... Le temps semble s'arrêter

je me sens

- immergée dans les arbres – avec le ciel & la nature –
- entrer dans la vraie vie

je suis pleinement HEUREUSE

Mes soucis & mes problèmes se mettent en suspens

Qu'est-ce qui m'arrive ?

En tant qu'HyperSensible tu as un lien profond à la spiritualité !

Tu es donc facilement transportée hors du cadre de la norme

La Spiritualité

c'est être en Lien avec le Monde qui t'entoure

c'est être dans le mouvement de la vie !

> Tu n'es pas dans le TROP
> Tu es dans l'infini !

»Comment cultiver ce don ?«

▷ **Tu as autant besoin de spiritualité que d'oxygène** ◁
→ elle est vitale pour Toi

✱ **Souviens-toi d'expériences qui t'ont mise en rapport avec un sens d'Harmonie et où tu t'es oubliée !**

✱ **Laisse-toi transporter par elles**

✱ **Donne-toi droit à la spiritualité**

»Elle te guérit en profondeur«

Le Sublime

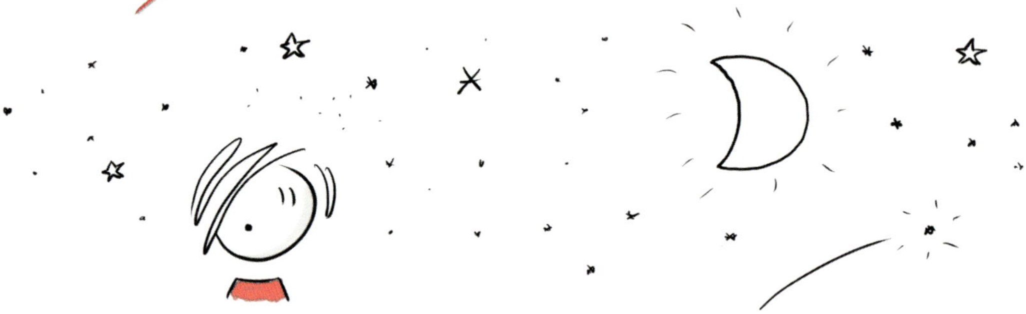

Hypersensible, tu as une relation privilégiée au sublime

⇒ Mais… C'est quoi le Sublime ?

Le sublime est une expérience irréductible & fondamentale

Elle appartient à une autre dimension de ta vie !

Elle s'accomplit sans la raison

Le sublime s'empare de toi sans crier gare

Il emporte ton adhésion malgré toi

il te submerge

Tu fais alors pleinement l'expérience de ton hypersensibilité

Avec son intensité sa démesure ses paradoxes

L'HyperSensible a un don extraordinaire lui permettant d'avoir accès à ce Merveilleux

Il est mis en rapport avec quelque chose d'extrêmement profond en lui… avec l'infini

»La chance de l'HyperSensible«

Souviens-toi d'expériences du sublime que tu as vécues

- dans lesquelles tu t'es sentie complètement emportée
- des moments grandioses même s'ils sont simples

Ce sublime te donne un nouveau souffle pour les jours suivants

Donne-toi droit à ces expériences Hypersensibles du sublime

Mon enfant devient Bagarreur

Ecole

Valentin s'est encore bagarré avec 2 enfants aujourd'Hui !

Pardon...!?

Mais à la maison il est adorable & empathique

consternée

Comment mon enfant si tendre si doux s'est ainsi transformé ?

Est-il VRAIMENT HyperSensible ?

je m'interroge

Avant de le juger & de t'énerver

Prends le temps de l'INTERROGER

c'est la clé !

Tom n'arrête pas d'embêter Abyl Pour rien !

c'est injuste !

il faut bien que je le défende !

Cette INJUSTICE lui est INSUPPORTABLE

il SOUFFRE POUR SON AMi

Il se pose en JUSTICIER

La Soif de JUSTICE
& d'AUTHENTICITÉ
est CARACTÉRISTIQUE
des HyperSensibles

Dans un environnement
Hostile, elle peut
se manifester par
de la violence

»La Solution !?«

Prends le temps

- de parler avec ton enfant
- de valoriser son souci de justice

Apprends-lui qu'il y a d'autres stratégies que la bagarre

Au lieu de le culpabiliser

- Valorise son désir
- Réfléchissez Ensemble à une solution Alternative

— J'ai besoin d'AIR —

18H30

J'aimerais bien quand tu rentres qu'on prenne le temps de bavarder un peu

Avoir une vie normale quoi !

Tu ne m'aimes plus ?

Mon conjoint

je n'ai pas envie de bavarder maintenant

j'ai juste besoin d'un peu de calme

Moi je rentre du boulot

Bombardée toute la journée d'informations

sensations

émotions

pensées

sentiments

Il est normal que tu aies besoin d'AIR pour te ressourcer

Surtout que sentant intensément tous les besoins de l'Autre

Tu veux TROP BIEN FAIRE & ça te met sous

PRESSION

Tu ne peux pas vivre sans des moments de profond silence & d'apaisement

»La Solution !?«

La société comprend ton besoin d'air… >  < comme une forme d'égoïsme ou d'insociabilité

☆ **Libère-toi de cette croyance !** → ton cerveau d'HyperSensible fait que tu ne peux pas vivre sans ces moments

☆ **Explique très précisément la situation** ▷ Prends soin de décrire ton mode de fonctionnement

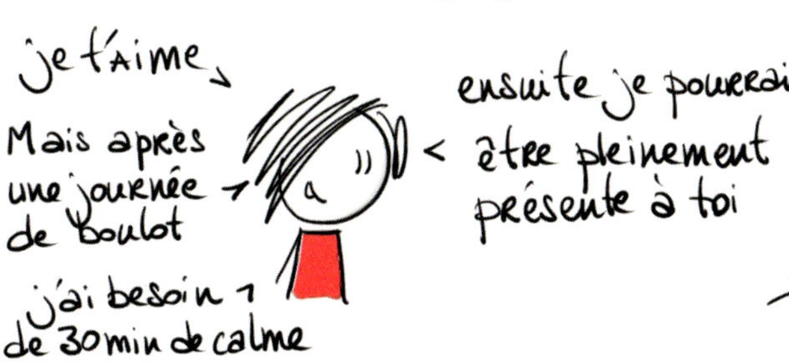

☆ **Invente des rituels pour te ressourcer**
→ fais une longue promenade avant de rentrer chez toi

Je demande beaucoup TROP? d'Affection

Sans le côté affectif...

je ne sais pas établir une relation !

J'ai besoin d'amour pour fonctionner

je ne sais pas vivre dans la froideur

je ne suis pas une machine !

Les HyperSensibles ont un IMMENSE BESOIN de SÉCURITÉ AFFECTIVE pour s'épanouir

surtout s'ils en ont manqué enfant

pour moi une relation n'a de sens que si elle est

- intense
- profonde
- sincère
- c'est une évidence !

Tu dois comprendre que...

- plus tu veux être aimée
- plus tu fais peur aux AUTRES
- c'est un CERCLE VICIEUX

Ta demande d'Affection peut vite

- devenir étouffante
- Ronger la relation de l'intérieur

Une VRAIE RELATION ne peut être construite

qu'entre personnes qui ont chacune leur AUTONOMIE

ce n'est pas facile mais c'est une loi fondamentale des Relations

» La Solution «

Trouve un Hobby une passion

→ Apprends à
- te réjouir en toi-même
- tenir avec toi-même

Tu vas peu à peu
- prendre conscience de la force en toi
- gagner en autonomie
- être moins en demande

Admets que les relations ne peuvent pas être Toutes Affectives

Certaines relations sont
- amicales
- chaleureuses
- sympathiques

Mais LÉGÈRES

Je n'en peux plus de mon boulot !

j'ai une excellente situation >

je travaille beaucoup >

je gagne beaucoup >

< MAIS MA VIE EST VAINE !

< Mon boulot n'est pas en rapport avec mes valeurs & mes besoins

je n'y arrive plus

je me sens mal à l'aise & déprimée

Mes journées n'ont plus de sens

Tu ne peux pas te contenter d'être dans le Tournoiement de la société de consommation

produire !?

consommer !?

↳ produire encore plus !?

↳ consommer encore plus !?

Fondamentalement

Tu as besoin

- de but
- de te réaliser
- de t'enthousiasmer
- d'engagement
- de sens

Vivre l'instant présent ne suffit pas à te combler

Tu as besoin de sentir que tu sers à quelque chose de vrai - d'aidant

»La Solution !?«

Dans tout métier il peut y avoir du sens !

→ Mais les entreprises n'ont pas toutes du sens

Tu ne peux pas t'épanouir dans une entreprise qui...

... n'a pas de sens pour toi

... t'instrumentalise

Tu te fais du mal !

il est légitime que tu t'interroges & que tu en prennes acte !

☆ Agis !

↳ change de service / entreprise / & métier

Le Faux Self

Depuis l'enfance, je m'interdis d'être ce que je suis pour n'être que ce que l'on attend de moi

J'ai fini par me couper de moi-même & ça se retourne contre moi - comme un boomrang

ce qui était **MA BULLE PROTECTRICE** → est aujourd'hui l'objet de **MA DÉTRESSE**

Le Faux Self* est un mécanisme psychologique
▷ il aide à s'adapter aux contraintes de l'environnement

* Le concept a été élaboré par le psychanalyste Donald Winnicott

Le problème n'est pas ton faux self

MAIS

le fait qu'il prenne trop d'ampleur

jusqu'à

ÉTOUFFER TON VRAI SELF

dans ce cas

il ne te protège plus → il t'enferme

→ tu ne sais plus qui tu es

»La Solution«

Tu vas apprendre

- à faire confiance à ce que tu ressens
- à donner droit à ton vrai self
- à te réapproprier ce que tu es

Chaque jour,

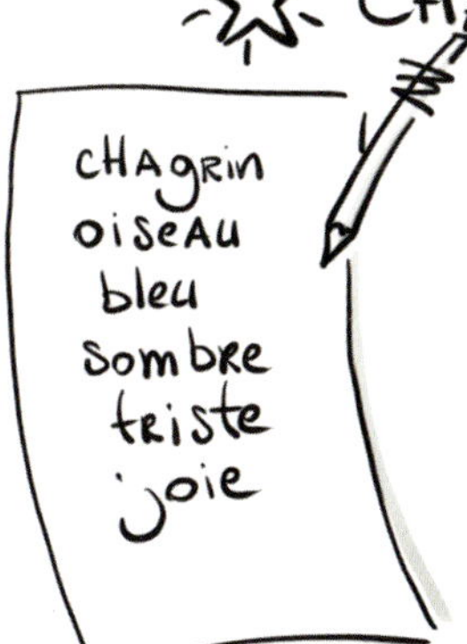

- note ce que tu ressens vraiment en quelques mots
- ne juge pas !

Peu à peu

- tu redécouvres le domaine de ton intimité que tu avais perdu

Je suis une petite souris

je n'aime pas qu'on me remarque

je ne veux pas faire de vagues

ne me regardez pas !

ma parole ne compte pour rien

je n'ose pas dire ce que je sens

faites comme si je n'existais pas

→ je suis devenue INVISIBLE ←

comme une petite souris craintive

Tu as tellement besoin d'être aimée acceptée & en sécurité

Et tellement peur d'être rejetée que...

Tu t'interdis d'être comme tu es

Tu te conformes à ce que l'Autre attend de toi

→ ou à ce que tu crois qu'il attend de toi !

Tu as cru qu'en étant cette "petite souris"

- on ne te remarquerait pas
- que tout irait bien pour toi

Mais en fait tu en souffres terriblement

Tu te sens tenue à l'écart de ta vie

Tu n'oses pas exprimer tes désirs & tes envies

Tu te demandes pourquoi tu n'existes plus pour les autres

Ton besoin d'être aimée t'a fait prendre une fausse route

»La Solution !?«

★ Entre en rapport avec la force qu'il y a en Toi

» Accepte-la

» Fais-lui confiance

» Réconcilie-toi avec elle

» Fais-en ton alliée

★ Peux-tu sentir en Toi

» Une sauvagerie en devenir ?

» Des désirs & besoins profonds ?

★ Transforme-toi

» En Panthère

» En Lion

» En Guépard

Faire la paix avec ses parents

j'en veux beaucoup à mes parents de ne pas m'avoir accueillie comme j'étais... >

C'était Terrorisant !

Souvent, j'étais

- malade
- en colère
- en désarroi

En toute bonne foi ils essayaient de lutter contre TON HyperSensibilité >

< Comment faire pour avoir une relation apaisée avec eux ?

⊳ En fait, tes parents n'avaient pas le Mode d'Emploi

on commence Tout juste à comprendre l'HyperSensibilité

Tes parents étaient victimes des croyances & savoirs de l'époque...

il faut bien se maîtriser en toutes circonstances

un garçon ne doit pas pleurer !

un enfant ne doit pas être trop câliné

»La Solution«

▷ Ce ne sont pas seulement
- Tes parents qui t'ont maltraitée...

Ils ont fait ce qu'ils ont pu

↳ Ne leur en veux pas

▷ Mais toi aussi...

Et Toi...
Tu es restée longtemps sans ton Mode d'emploi

↳ Ne te culpabilise pas

☆ Aujourd'Hui,
Tu vas devenir pour Toi le Bon Parent que tu n'as jamais eu
↳ il n'est pas trop tard !

▷ Donne-toi
- la confiance
- la chaleur
- la tendresse

que tu n'as pas eues

Les 3 ERREURS à ÉVITER

AH… si je n'étais pas HyperSensible

j'aurais pu avoir une vie Heureuse !

En regardant mon passé & mes déboires

j'en suis -presque- convaincue

Mon Hypersensibilité est LA CAUSE de TOUTES MES EMMERDES & MES DIFFICULTÉS RELATIONNELLES

Tu te trompes complètement !

Tu commets juste 3 erreurs !

» La Solution !? «

Erreur n° 1

Vouloir être calme !

→ qu'est-ce qui te fait croire qu'une vie calme est une vie heureuse ?

Tu vis les choses avec intensité

» RÉJOUIS-TOI ! «

Erreur n° 2

S'en vouloir d'être hypersensible

→ Pourtant tu as un super-pouvoir !

Découvre ton mode d'emploi

Erreur n° 3

Être susceptible

→ ça accroît le sentiment d'isolement

Essaie de faire la distinction entre ce qui a été dit et ce que tu ressens

TA VIE VA CHANGER

Est-ce qu'on en fait TROP avec l'Hypersensibilité ?

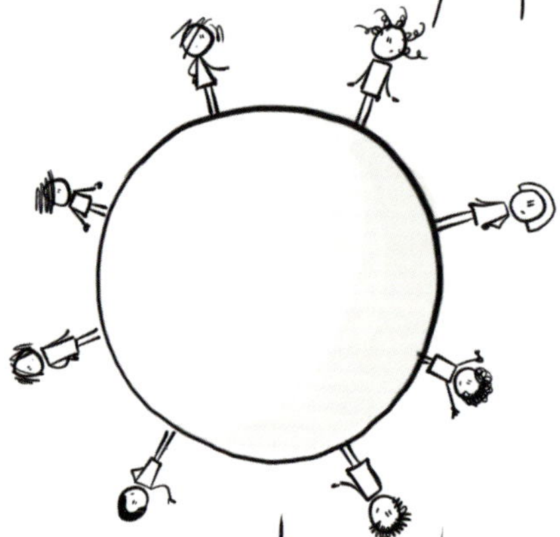

Et si Tout le Monde
était ou devenait
HyperSensible ?

Notre Monde
serait-il encore
viable ?

Mais serait-ce
un problème
si tout le monde
commençait
à accepter ...

d'avoir
des émotions ?

de comprendre
l'Autre ?

de faire preuve d'empathie ?

Les émotions
sont précieuses
à notre intelligence
& à notre performance

Elles ne nous
empêchent pas
de penser ...
Bien au contraire !!

Notre sensibilité est un atout formidable

Que nous soyons HyperSensibles ou non…

Nous avons Tous besoin de nous Réconcilier avec notre sensibilité !

☆ Une proportion de 15 à 20% d'Hypersensibles est indispensable à Toute société pour qu'elle puisse fonctionner & se développer

☆ Les HyperSensibles protègent le groupe des dangers grâce à leurs antennes

☆ Leur ouverture & leur réceptivité leur ont permis d'être créatifs & innovants

Vive les Hypersensibles !

Notes

Notes

Achevé d'imprimer chez DZS en Slovénie
en septembre 2021

Dépôt légal : 9782080263629
N° d'édition : L.01ELKN000879.N001